BIBLIOTHÈQUE ORIENTALE ELZÉVIRIENNE

LE

THÉATRE JAPONAIS

PAR

A. LEQUEUX

PARIS

ERNEST LEROUX, ÉDITEUR

28, RUE BONAPARTE, 28

1889

BIBLIOTHÈQUE ORIENTALE ELZÉVIRIENNE

LXIII

LE
THÉATRE JAPONAIS

LE PUY. — IMPRIMERIE MARCHESSOU FILS

LE

THÉATRE JAPONAIS

PAR

. LEQUEUX

PARIS
ERNEST LEROUX, ÉDITEUR
28, RUE BONAPARTE, 28

1889

LE

THÉATRE JAPONAIS

I

L'amateur de couleur locale que ses affaires ou ses loisirs amènent au Japon ne saurait mieux l'aller chercher qu'au théâtre. Il la trouvera là avec ses nuances les plus caractéristiques et les plus originales. La salle et la scène lui offriront ensemble un champ d'observation merveilleusement disposé pour une étude de mœurs et d'histoire.

L'édifice est une grande bâtisse en bois de forme carrée. On y pénètre par un vestibule de plain-pied sur la rue, dont la disposition générale rappelle l'entrée de nos salles de spectacle; là sont les bureaux de location. On trouve aussi à acheter des billets dans les maisons de thé du voisinage, mais nous n'oserions affirmer qu'ils y soient « *moins chers qu'au bureau* ». — Le vestibule donne accès, par deux portes, presque directement dans le parterre et deux escaliers, on pourrait dire deux échelles conduisent à l'amphithéâtre et aux couloirs qui commandent les loges; il n'y a, bien entendu, qu'un seul étage. Sur la façade de la rue, l'attention est sollicitée par des guirlandes de lanternes, des banderoles fortes en couleurs, une série de tableaux représentant les principales scènes de la pièce qui tient l'affiche, le tout donnant une note d'ensemble assez criarde : c'est de bonne réclame. La grande salle que nous désignons sous le nom de parterre est divisée en carrés égaux comme un damier, ou mieux comme un plafond à caissons renversé : cela fait autant de loges de quatre, mais on s'y entasse volontiers six ou sept. Les spectateurs enjambent les uns sur les autres pour gagner leurs places ; mais une fois chaque famille installée dans sa boîte, — c'est le nom qui convient à la chose, — on n'en sort plus sans absolue nécessité, ce qui n'empêche, la représentation durant dix heures au moins, qu'il se fasse momentanément de nombreux vides à chaque entr'acte. Mais on mange là comme chez soi, on fume, on allaite les nourrissons, on se met à l'aise. Il n'y a pas de siège, le Japonais ayant l'habitude de s'asseoir sur ses talons et pouvant garder cette position, la moins fatigante et la plus commode à son goût, pendant toute une journée.

Deux passages en planches, plus élevés que le fond des caissons à spectateurs et au niveau des séparations d'où les têtes seules émergent, courent d'un bout à l'autre de la salle, depuis les portes qui donnent dans le vestibule du théâtre jusqu'à la scène. C'est par là que pénètre le public du parterre ; par là aussi que pendant la représentation la plupart des acteurs font leurs entrées ou leurs sorties, surtout lorsque la fiction veut qu'ils arrivent de quelque endroit éloigné ou que, quittant la scène, ils marchent par les rues ou à travers la campagne. « L'ouvreur » fait alors, en quelque sorte, office « d'avertisseur ». Cet employé de la porte est, d'ailleurs, préposé à la garde d'une collection variée de parapluies et parasols qu'il ouvre lui-même et passe à chaque acteur entrant, à tour de rôles, lorsque ces accessoires sont exigés par les circonstances de la scène. Cette distribution se fait à l'intérieur même, sous les yeux des spectateurs. Souvent le dialogue commence dans le dos du public, dès qu'un artiste a mis le pied dans la salle et bien avant qu'il n'arrive à la hauteur de la rampe; on s'arrête parfois à moitié chemin pour dire quelque chose; ou bien on retourne sur ses pas, puis on revient en avant; on arrive enfin sur la scène au moment voulu. La vie du drame gagne beaucoup à ce procédé; toute la salle participe, pour ainsi dire, à l'action. On voit quelle proportion prend la scène empiétant ainsi jusqu'à l'entrée du parterre par-dessus les têtes des spectateurs. Pour les appels, les adieux, les exhortations, les provocations surtout, la distance réelle justifie tous les tons de la voix. Pendant que l'action principale se déroule devant le public, des scènes accessoires peuvent être simultanément jouées sur les côtés de la salle, indépendantes pour les acteurs d'après la fiction du drame, connexes pour les spectateurs dans le concours des événements qui composent la pièce. Souvent aussi l'action principale se transporte au milieu du parterre. On a de la sorte un développement de scène triple de la largeur du théâtre. Cela permet encore aux conspirateurs, assassins, libérateurs et autres personnages qui ont à se concerter avant d'agir, de préparer posément leur coup de main ou leur exploit, ainsi qu'il est dans la nature des choses, avant d'arriver sur le lieu même où il doit être perpétré. Le manque d'espace amène parfois sur nos scènes, à cet égard, des situations bien invraisemblables; c'est alors, par exemple, qu'on voit tel acteur qui ne sait que faire de ses deux mains en attendant que les assassins se soient mis d'accord pour lui couper la gorge. Rien de pareil n'est à craindre au théâtre japonais.

Mais c'est justement parce que cela se passe par-dessus les têtes des spectateurs que c'est praticable, et ce n'est matériellement possible qu'en raison de la position dans laquelle on assiste au spectacle. Chacun se trouve ainsi au milieu du drame; il y prend peut-être un intérêt d'autant plus vif. Pour un spectateur lâchant la bride à son imagination les passages en planches pourront devenir des chemins agrestes et l'ensemble du parterre, un champ bien cultivé; s'il veut que son plaisir soit complet, il s'annihilera en tant qu'homme et s'identifiera au drame comme un invisible esprit.

La mise en scène est étonnante d'exactitude. Si l'action se passe dans une maison, celle-ci est représentée tout entière avec ses abords et son voisinage. L'architecture japonaise se prête, d'ailleurs, à ce système de décoration, les palais eux-mêmes n'atteignant jamais ici des proportions monumentales. Dans la réalité, quand une maison est grandement ouverte, il n'en reste guère que la charpente ; on voit tout ce qui va et vient à l'intérieur ; dans ce cas, le théâtre n'a besoin de recourir à aucune fiction. Si la scène doit se jouer dans une maison fermée, il faut bien alors que celle-ci soit coupée à la rampe ; néanmoins on ne néglige pas représenter le toit, le jardin, ou encore la barrière, le mur, la porte d'entrée, en un mot ce qui entoure immédiatement la maison, le tout suivant la même coupe.

Il y a des changements à vue : la scène avec ses décorations pivote sur elle-même par le mécanisme d'une plaque tournante qui en occupe toute l'étendue. Ce procédé a le grand avantage de favoriser, dans certains cas, le naturel des mouvements. Ainsi, tel acteur devant entrer dans une maison, on le voit franchir la porte pendant que le théâtre tourne et de l'autre côté apparaît l'intérieur de la maison où il pénètre [1]. Comme tout cela est bien compris pour faire vivre les spectateurs au milieu même de l'action ; il n'y a rien de fictif ni de conventionnel dans la sortie et la rentrée de cet acteur ; ce qu'on a sous les yeux, c'est la réalité. On veut montrer au public successivement le devant et le dos d'une maison, on la lui retourne ; rien de plus simple, puisque la maison y est tout entière. La plaque tournante peut contenir trois tableaux ou plus exactement trois théâtres à la fois, de sorte qu'il est possible de faire deux changements à vue coup sur coup. Le cadre de la scène est beaucoup plus large que haut [2]. Quelques décorations accessoires sont ajoutées sur les flancs ; elles se prolongent parfois

---

1. On peut passer de même d'une pièce dans l'autre, à l'intérieur de la même maison.
2. Cela n'empêche pas qu'il y puisse tenir une maison de grandeur moyenne, toit compris. Les habitations japonaises n'ont en général qu'un étage, appelé *nikaï*. Depuis quelques années, on a bien fait quelques constructions surmontées de deux étages, quoique bâties dans le style indigène, mais ce sont encore des exceptions. Dans tous les cas, la reproduction de pareils édifices n'est jamais utile au théâtre.

jusque dans la salle, au milieu des spectateurs. — Le rideau se tire de côté : il est orné de quelque dessin à larges traits et d'une inscription gigantesque.

La musique est dissimulée, sur la gauche et au niveau de la scène, derrière un décor à jours qui varie suivant le théâtre te l'action. Elle joue presque sans discontinuer, accompagnant le dialogue d'une mélodie grave ou sautillante, triste ou gaie, discrète ou emportée, sourde ou bruyante, autant que possible à l'unisson moral de la situation. Cette mélodie sert à représenter aussi le murmure de la nature : elle cherche des harmonies imitatives, devient tour à tour tempête, zéphir, tonnerre, pluie, cascade, courant léger, bruit d'un corps qu'on jette dans l'eau et bouillonnement de l'eau qui reprend sa place.

La musique japonaise est exclusivement en mineur. C'est assez dire qu'elle n'a aucun rapport avec nos mœurs musicales et que notre oreille a besoin d'une certaine éducation locale pour s'y faire, à plus forte raison pour la goûter. On y arrive pourtant. — Autre particularité de la musique japonaise : elle est en quelque sorte la contre-partie de la musique chinoise qui, toute en majeur, se trouve par cet absolutisme également éloignée de nos principes d'harmonie. Il en résulte cette conséquence assez bizarre et pourtant logique, que des musiciens européens ont pu s'amuser, en combinant des œuvres musicales japonaises et chinoises, à en tirer une sorte de produit extrême-oriental et susceptible néanmoins, avec son accoutrement assez fantasque, de se traduire sur nos instruments.

Dans ses divisions essentielles l'orchestre japonais se rapproche beaucoup du nôtre : il y a trois grandes catégories d'instruments. Le *koto* et le *schamisen* rappellent la harpe et le violon avec tous ses dérivés, violoncelle, basse, contralto; le *koto* est pareillement destiné à produire dans l'orchestre des effets différents suivant sa taille; le *schamisen* a plutôt certaines analogies avec la guitare; c'est du reste en pinçant les cordes qu'on joue généralement du schamisen ou du koto ; exceptionnellement on emploie un archet dont les crins ne sont guère tendus. Une sorte de flûte, dont la forme n'a rien de particulier, est le principal des instruments à vent. Il y a enfin dans l'orchestre japonais une série de tambourins et de timbales d'aspect assez original et qui occupent dans la composition musicale une place beaucoup plus importante que les instruments similaires en Occident.

Du côté opposé à l'orchestre, dans une logette fermée par un store, se tient le *chœur* : c'est un personnage qu'on ne voit pas, mais qu'on entend souvent. Son rôle correspond assez exactement à celui du chœur de la tragédie grecque ; il tient cependant plus de place dans le drame japonais, bien qu'il y demeure modestement caché. Il représente le bon sens populaire et la morale commune ; mais il explique surtout le développement du drame ; il raconte au besoin ce qui se passe hors de la scène et dévoile les sentiments intérieurs des personnages. Le drame japonais, étant une image aussi fidèle que possible de la vérité, se déroule souvent et parfois pendant des scènes entières en simple pantomime. Dans la vie réelle on ne parle pas toujours, mais on agit sans cesse ; on agit par cela seul qu'on existe; on agit, soit qu'on s'agite dans un but quelconque, qu'on se repose et qu'on pense, ou même qu'on reste immobile sous le coup de la frayeur, de l'attente ou de la fatigue. Si l'on dort, on n'agit peut-être pas soi-même; et encore, le sommeil n'est-il pas une action *sui generis*, susceptible de bien des variétés qui ont leurs manifestations dans les rêves et même dans des signes extérieurs et visibles, suivant qu'on est calme ou agité, malade ou bien portant, heureux ou malheureux ? En tous cas, on vit dans le sommeil et le monde agit autour du dormeur, à cause de lui, par rapport à lui. Qu'on soit mort enfin, on existe encore à l'état de cadavre, de souvenir, de passé et à ces titres on n'est pas encore nul dans la vie des hommes. Les actes de l'humanité s'engendrent mutuellement ; ils ont des posthumes. — Directement ou indirectement, on agit toujours. On ne parle que quelquefois. — A cet égard, l'art s'affranchit dans notre théâtre de toute vraisemblance : l'action y est toujours accompagnée de la parole, et si celle-ci se tient parfois en suspens pour laisser toute l'attention du spectateur se concentrer sur un jeu de scène capital, ce n'est que pour un instant. Au Japon, des actes entiers se pourvuivent pendant lesquels les acteurs n'échangent que quelques mots ; les monologues sont rares et toujours parfaitement justifiés, ce qui n'est pas le cas chez nous. C'est alors qu'intervient le rôle du chœur invisible ; il récite ou plutôt psalmodie la pièce ; Il raconte la pantomime qui se joue devant les yeux du public ; sa voix expressive prend les intonations de circonstance ; elle se fait terrible ou harmonieuse ; elle est généralement grave et devient parfois tout à fait chantante. Cette manière de représenter la vie fait que les acteurs japonais sont les premiers mimes du monde : dans cet art, ils atteignent une perfection étonnante, grâce à laquelle un drame au Japon est intéressant même pour l'étranger qui ne sait pas un mot de la langue. Auprès d'eux, nos acteurs de pantomimes ne sont que de vulgaires pantins : qu'est-ce, par exemple, que cette série de gestes conventionnels dont ils surchargent leurs grimaces ? — De ridicules singeries dont le théâtre japonais est entièrement affranchi. C'est là du reste que réside la vraie supériorité de celui-ci au point de vue de la vraisemblance : ce qu'on représente au Japon, c'est, insistons-y, la vie réelle. Chez nous, pièce parlée ou pantomime sont également loin de la vérité. Dans la vie, on ne parle pas toujours, mais on parle pourtant. Les gestes conventionnels que nous trouvons si piteusement grotesques dans nos pantomimes sont là pour suppléer à la parole absente. Les mimes japonais n'ont que faire de ces idioties, car ils parlent quand ils ont à parler. La vie est parole et action. Chez nous, le théâtre est, ou peu s'en faut, l'une ou l'autre. Au Japon, il est l'une et l'autre. Nous en arrivons ainsi à définir l'art dramatique japonais : une pantomime affranchie des invraisemblances conventionnelles et où l'on parle comme on parle dans la vie réelle. — Est-ce à dire que les acteurs japonais parlent d'un ton naturel ? Il s'en faut. Leurs salles de spectacle n'étant pas calculées en vue de l'acoustique et les spectateurs s'y livrant eux aussi *à la vie réelle*, qui est loin d'être silencieuse, les artistes sont obligés, pour se faire entendre, de prendre une voix de tête, qui étonne au début, qui est même assez déplaisante, mais à laquelle on s'habitue vite.

Une des particularités curieuses du théâtre japonais, c'est ce qui remplace le service de nos valets de scène. En pleine représentation, vous voyez se glisser entre les acteurs des êtres informes, serrés dans un collant tout noir, la figure voilée, la tête couverte d'un bonnet faisant corps avec le reste et pointe dans le prolongement des deux oreilles ; on dirait les produits fantastiques d'un singe et d'une chauve-souris : Ce sont les « ombres », ayant charge des accessoires, qui apportent tout ce qui doit servir dans la pièce au moment voulu et enlèvent les objets qui pourraient gêner le jeu des acteurs. Le talent de ces *personnages neutres* consiste à échapper autant que possible aux regards du public, tout en faisant ponctuellement leur office. Ils n'avancent qu'en rampant et s'acquittent de leur rôle avec une agilité d'escamoteurs. Ils ne comptent pas dans la pièce [1].

II

Passons derrière la toile et pénétrons dans les coulisses. — Où sont les actrices ? — Il n'y en n'a pas. — Mais les rôles de femmes ? — Ce sont les acteurs qui les

---

[1]. Nous aurons à revenir sur ces bizarres valets au sujet de l'éclairage.

remplissent; toute la troupe est mâle. Dans certains petits théâtres de genre, il est vrai, toute la troupe au contraire est féminine. Les rôles d'hommes y sont joués par des femmes. Mais c'est un art inférieur [1]. Dans tous les cas, les sexes ne sont pas pas mélangés au théâtre japonais. C'est, assure-t-on, une question de morale. Mais à la vérité, s'il faut en croire ce qu'on nous a raconté sur les mœurs des artistes de l'Extrême-Orient, il est douteux que la morale y trouve son compte.

Au point de vue de la vraisemblance, la voix seule laisse à désirer et encore certains sujets arrivent à efféminer la leur d'une façon étonnante. Le costume des Japonaises dissimule si bien les formes, qu'à cet égard la substitution de sexe se fait sans embarras. Enfin les acteurs sont

---

[1]. Il y a dans certaines villes, notamment à Kyoto et à Nagoya, des troupes de femmes connues sous le nom de *no*, qui ont la spécialité de jouer des scènes assez courtes dans les fêtes particulières. Quelques-unes de ces actrices de salon sont des artistes de premier ordre.

à ce point habiles dans l'art d'imiter qu'ils achèvent l'illusion en donnant, à s'y méprendre, le cachet le plus féminin à leurs allures, à leurs gestes, à leurs manières. Ils savent copier, — ils y sont exercés dès l'enfance, — la démarche si particulière des grandes dames japonaises [1] et celle plus particulière encore des grandes courtisanes. Cette dernière, qu'on pourrait qualifier de classique tant elle est consacrée par les rites de la vie élégante et galante, est comme la suprême expression de la langueur la plus efféminée [2].

Les artistes japonais se bornent-ils,

---

[1]. Il s'agit ici des grandes dames de l'ancien régime qui s'est, pour ainsi dire, réfugié au théâtre. Le Japon moderne, en habillant les femmes de qualité à l'européenne, leur a enlevé tout ce qu'elles avaient autrefois de grâce et de dignité.

[2]. La nonchalance non-pareille que donne à la marche l'usage que font les filles de joie de *gaïta* démesurément hautes, en est un des traits les plus saillants. Les *gaïta* sont les chaussures ou plutôt les socles de bois, souvent laqués en noir pour les femmes, sur lesquels reposent les pieds japonais. On les chausse au moyen d'une sorte de lanière, plus ou moins rembourrée, qui passe entre le pouce et le premier doigt.

On ne peut s'empêcher de faire un rapprochement entre la mode des hautes *gaïta* des courtisanes japonaises et celle des ergots sur lesquels comme les nôtres, à saisir la pensée de leur auteur et à la rendre ainsi qu'ils l'entendent ? — Nullement. Ils font beaucoup plus ; ils collaborent eux-même à la pièce ; ils la composent, pour ainsi dire, l'auteur ne donnant d'ordinaire qu'une idée et un canevas plus ou moins détaillé sur lequel ils brodent à leur aise. On voit à quel point le rôle de celui-ci est restreint et peu glorieux. Les grands acteurs apportent chaque jour, sans même le consulter et souvent à l'improviste, des améliorations ou des modifications non seulement à leur jeu, mais encore à l'action et jusqu'au fond de l'intrigue. De la sorte, une pièce est jouée parfois en présence du public pendant plusieurs semaines avant d'être définitive. Il faut que les artistes japonais soient des improvisateurs de pre-

se perchent certaines de nos élégantes d'une catégorie similaire, en exagérant jusqu'au ridicule les formes en elles-mêmes gracieuses des talons Louis XV. — Toutefois, comme le pied repose toujours à plat sur la *gaita*, quelle qu'en soit la hauteur, la démarche qui en résulte ne peut avoir aucune analogie avec celle que commande forcément le haut talon.

mier ordre. Ces procédés seraient inconciliables avec nos règles d'art dramatique. Mais le théâtre au Japon se soucie peu des trois unités. L'unité d'action elle-même est la moins respectée. Le drame japonais, nous l'avons dit, est plus une image de la vie réelle qu'une peinture idéale soumis à des principes artistiques. Aussi l'auteur et les acteurs qui, ne se se bornant pas au rôle d'interprètes, participent à la confection de la pièce, ne craignent pas de la surcharger d'incidents assurément dans la nature des choses, mais n'ayant que faire à l'action principale. Loin d'y voir un défaut, ils pensent ainsi se rapprocher de la vérité, leur point de mire, et en fait ils s'en rapprochent, les drames de la vie réelle ne suspendant pas le cours ordinaire de l'existence et leur développement étant entrecoupé de mille circonstances étrangères plus ou moins banales. — Avec des règles aussi larges, la plus grande liberté d'invention peut être laissée à la fantaisie de l'acteur : au lieu de jouer un rôle, il doit vivre ce rôle sur la scène. Il suffit qu'il se pénètre des données capitales du drame et qu'il s'identifie au personnage qu'il représente. Il en résulte que l'art dramatique est ici tout différent de ce qu'il est chez nous. Le fond d'une pièce ne varie guère, il est vrai, d'un jour à l'autre; mais la récitation n'est pas fixe à ce point qu'elle enchaîne les acteurs. Ceux-ci, par conséquent, sont exercés à poursuivre l'intrigue sans se déconcerter de la tournure plus ou moins imprévue qu'elle prend. Ils ont toujours la réplique prête à tout et la plus grande difficulté du métier, difficulté dont ils sont maîtres à merveille, est d'éviter d'une part les précipitations inopportunes qui pourraient engendrer le désordre et la confusion, de l'autre les hésitations ou les étonnements qui risqueraient de laisser tomber gauchement le dialogue. — Inutile d'ajouter qu'il n'y a pas là place pour un souffleur. Toutefois, on écrit *in extenso* le texte de certains passages où les mots ont une portée capitale en vue de certains effets étudiés à l'avance. Dans ce cas, on a parfois recours à un souffleur; mais celui-ci n'est pas, comme chez nous, dissimulé dans une niche. Il se tient tout bonnement sur la scène, accroupi dans le dos du personnage à souffler. Tous les spectateurs peuvent le voir, son cahier à la main, dans l'exercice de ses fonctions, qui sont du reste momentanées. Mais on sait qu'il ne compte pas et on fait abstraction de sa présence.

Ce n'est pas seulement par les incidents que le drame japonais, à la recherche de la vérité, s'affranchit de l'unité d'action. On aurait peine à discerner où se trouve le dénouement de la pièce; à la vérité, il n'en existe pas, ou, si l'on veut, il y a plusieurs dénouements. D'un bout à l'autre de la représentation, l'intrigue varie singulièrement. La même série de faits amenant une *solution* ne se prolonge guère au delà de deux ou trois actes et chaque pièce en comprend de six à huit. On voit donc se dérouler successivement trois ou quatre situations dramatiques presque sans relations entre elles et il est difficile de reconnaître par quelles attaches la fin tient au commencement. Ce ne sont pourtant pas autant de drames distincts et, en y regardant de près, il n'est pas impossible de suivre le fil des événements qu'on a sous les yeux pendant une dizaine d'heures. — Ce décousu est encore l'image fidèle de la vie : de ce que tous les personnages du drame sont morts à un moment donné, les Japonais ne se croient pas obligés de finir la représentation. Les morts sont hors de jeu personnellement, mais leur mort peut avoir des conséquences dramatiques qu'il n'est pas indifférent de connaître. Ce point de vue entre d'autant plus en ligne de compte dans l'art japonais que la passion dominante dans le drame est, non pas la jalousie comme chez nous, — celle-ci n'intervient guère ici qu'à titre d'incident, — mais la vengeance. La provocation, la conception, la préparation de la vengeance, voilà les raisons d'être de l'art dramatique ; c'est là qu'il repose tout entier. Le Japonais est essentiellement vindicatif et l'histoire du Japon est une interminable épopée de la vengeance.

De là aussi la longueur des représentations : une vengeance en engendrant une autre, il n'y a pas de raison pour s'arrêter. Comme en Corse, il y a eu au Japon des *vindette* célèbres qui ont duré plusieurs siècles, entretenues par une série interminable de meurtres se commandant les uns les autres. Ce qui met fin à la pièce, ce n'est pas un dénouement définitif, mais l'heure. Il faut bien en finir. Le drame japonais est une fenêtre ouverte sur un coin de la vie terrestre. Après toute une journée de ce spectacle, on doit être fatigué; alors on ferme la fenêtre. Autrefois, les représentations commençaient dès le matin et se terminaient bien au delà du coucher du soleil; elles pouvaient durer presque sans interruption de quinze à dix-huit heures. Sous l'influence de la civilisation, les mœurs japonaises s'amollirent : aujourd'hui, après dix heures de drame, on croit en avoir assez; on commence plus tard et on finit plus tôt. Depuis quelque temps, dans les grands théâtres, la nuit venue on allume le gaz; il y a une rampe comme chez nous. Mais on n'en est pas encore là dans les théâtres secondaires, où on continue d'avoir recours à l'ancien système d'éclairage, jadis seul connu, dont l'effet est assez fantastique. C'est un procédé d'une originalité singulière et bien spéciale au Japon; il tend à disparaître et la couleur locale à perdre avec lui une de ses meilleures teintes. Voici en quoi il consiste : on ne s'occupe pas d'éclairer la salle; les spectateurs peuvent demeurer dans l'obscurité; la scène elle-même reste dans le noir; on se borne à mettre en lumière la figure de chaque artiste. Pour les Japonais, ce qu'il importe surtout de voir au théâtre, c'est le jeu de physionomie. Aussi, l'acteur en scène est accompagné dans ses mouvements par un de ces personnages neutres, de ces êtres indéfinissables ne comptant pas, dont nous avons déjà parlé, qui lui tient constamment sous le nez un lampion à réflecteur, fixé au bout d'un manche; chaque acteur a *son ombre* qui le suit ainsi pas à pas dans toutes ses allées et venues. Il faut convenir que le public japonais, si exigeant sur la copie du vrai, doit, en ce qui concerne cet éclairage, rabattre beaucoup de ses prétentions. Mais il semble qu'il a l'esprit ainsi fait : il ne veut pas qu'on lui supprime quelque chose de la réalité de la vie; mais on peut y ajouter; il lui suffit alors de faire abstraction : il sait retrancher, non compléter. C'est le contre-pied de notre art dramatique.

La mode des applaudissements est un autre emprunt à l'Europe; maigres encore et clairsemés, ils commencent pourtant à se faire entendre. L'ancien usage, qui consiste à crier par acclamation le nom de l'acteur auquel s'adresse l'enthousiasme, prévaut toujours, mais perd chaque jour du terrain. En Europe, le public nomme bien les artistes, mais c'est pour un ou plusieurs « rappels », lorsqu'ils sont sortis de scène; ici, c'est au beau milieu d'une tirade, d'un dialogue ou même d'un jeu de scène muet et les

Japonais y mettent une expression si originale, qu'il serait impossible d'en traduire le ton par une explication; il y entre de la tendresse et de l'affectation maniérée.

L'art dramatique étant tel que nous l'avons dépeint, il n'est pas étonnant qu'il n'existe guère dans la littérature japonaise de théâtre écrit [1]. Tout ce que peut se procurer l'amateur qui désire garder un souvenir de la pièce qu'il a vue ou se préparer par provision à celle qu'il va voir, c'est un livret en contenant l'analyse. Ces livrets sont multiples pour un seul et même drame et pas toujours d'accord entre eux. Cela tient à leur origine : ils sont l'œuvre de divers spectateurs en contrat avec les libraires ou appartenant au *reportage* des journaux indigènes. Il y a d'autant moins à s'étonner de ces diver-

---

[1]. Néanmoins quelques drames, devenus pour ainsi dire classiques, ont été écrits *in extenso* et sont de la sorte passés dans le domaine de la littérature proprement dite. Mais c'est l'exception.

gences entre les analyses théâtrales, qu'elles ne sont pas toutes faites le même jour et que, tant que l'affiche est encore neuve, la pièce subit des variantes à chaque représentation. Or, c'est justement pendant cette période de tâtonnements que les livrets sont écrits.

III.

Nous ne pourrions mieux compléter cet exposé de l'art dramatique au Japon que par le résumé d'un drame qui se jouait l'hiver dernier dans un grand théâtre de Tokio.

Les artistes célèbres se partagent les publics de Tokio et de Kyoto. En dehors de ces deux villes, il n'y a guère que des troupes de second ordre, troupes de province plus ou moins habiles suivant l'importance et le goût artistique des populations. Osaka même, qui dépasse en nombre d'habitants l'ancienne résidence impériale, est, au point de vue théâtral, moins bien pourvue. On est trop affairé dans cette ville de commerce et d'industrie pour qu'il reste du temps à consacrer au spectacle. Au Japon, le théâtre n'est pas, comme en France, un délassement du soir mérité par le labeur du jour, mais bien l'occupation, l'absorption même de toute une journée.

Les premières salles de Tokio contiennent jusqu'à deux mille personnes. Mais la population de cette ville est si nombreuse et si fanatique de drame, qu'une pièce peut tenir l'affiche et faire salle comble pendant plusieurs mois. Il faut bien qu'il en soit ainsi pour qu'on s'en tire, car la mise en scène est fort coûteuse.

La pièce que nous allons essayer de raconter est divisée en six actes et treize tableaux. Son titre est : « *Ume no haru tate-shi no go sho zome* ». — Comment traduire cela ? — Décomposons la phrase en mot à mot, suivant la construction grammaticale japonaise : *go sho zome* = tentures garnissant un appartement à la cour ; — *no* = de ; — *tate-shi* = une partie d'une grande habitation ; — *ume no haru* = le printemps des pruniers. — C'est tout ce que nous en avons pu tirer, après avoir consulté les interprètes les plus expérimentés. C'est là un titre énigmatique. Il en est fréquemment ainsi au Japon. Les titres des œuvres de théâtre n'ont souvent aucun rapport avec la pièce qu'ils désignent, mais ils ne sauraient guère se passer de la tournure poétique et le « printemps des pruniers » est mentionné par notre drame afin que cette règle y soit respectée.

Je dois confesser qu'il m'est impossible de parler des deux premiers actes d'après mes souvenirs ; je ne suis arrivé qu'au troisième ; mais c'est celui-ci et le dernier qui contiennent les plus belles scènes. J'invoque en outre, comme circonstance atténuante, que, tout compte fait, je suis encore resté au théâtre ce jour-là au moins sept heures consécutives. En France, sept heures de drame nous feraient coucher à trois heures du matin. Au Japon, la pièce entière en dure dix; en supposant l'ouverture à notre heure, on en aurait pour toute la nuit, jusqu'au lever du soleil, même en hiver. Notez que les Japonais arrivent au théâtre avant le premier acte et jusqu'au bout ne perdent pas une scène.

Abordons ce compte rendu du « *Umo no haru*... etc. »... Qu'on nous permette de transcrire le résumé sommaire des deux premiers actes, d'après la traduction d'un livret. Il sera peut être intéressant d'avoir sous les yeux un ensemble complet de la pièce : on saisira mieux de la sorte la suite du drame et on verra, par ce spécimen, en quoi consistent ces analyses imprimées dont nous avons déjà parlé.

Distribution d'après l'affiche :

Personnages principaux	Noms des artistes
Asama, le daïmyo............	Sakato.
Hototogisu, concubine du daïmyo, fille de Issaï..........	Nakamura Fukusuke.
Yukieda, jeune samuraï (allant en pèlerinage au 2ᵉ acte).....	*id.*
O Sugi, mère de Gorozô.....	Ishikawa Jubizo.
Asoheï, serviteur de Hanagaki.	Nakamura Tsurugoro.
Yakuro, keraï du daïmyo......	Nakamura Dengoro.
Satsuki, courtisane, femme de Gorozô...................	Kawabara Saki Kunitaro.
Hoshikage, ancien keraï du daïmyo, chassé, devenu voleur........................	Nakamura.
Oju, courtisane, fille de Issaï, sœur de Hototogisu.........	Iwaï Matsu Nos'ka.
Hanagaki, fidèle keraï du daïmyo........................	Kikusaburo.
Issaï, maître de thé du daïmyo.	Iwaï Shige Matsu.
Nadeshiko, femme légitime du daïmyo...................	Yeinos'ke.
Takekuma, médecin du palais.	Ouokami Matsu Nos'ke.
Seppeï, domestique d'Issaï....	Sakato.
Yuri Nokata, mère de Nadeshiko, et belle-mère du daïmyo......................	Kikugoro.
Nagoheï, chasseur, en réalité voleur.....................	*id.*
Gorozô, ancien keraï disgracié.	*id.*

L'acteur qui figure le dernier sur l'affiche et qui remplit trois rôles est, sans contredit et à juste titre, l'artiste le plus célèbre de la troupe. Les disputes de préséance au programme, entre comédiens, sont inconnues au Japon.

Acte Ier

Premier tableau : Devant le temple de Mano Miyojin, dans l'Oshu.

Un petit *daïmyo*[1] ouvre un concours d'escrime en l'honneur du dieu. Le président est un fidèle *keraï*[2] nommé Hanagaki. — Nombreuse et brillante réunion ; personnages richement vêtus. — Asama, c'est le nom du daïmyo, s'y rend en grande pompe et avec un nombreux cor-

---

1. Seigneur féodal.
2. Un *keraï* est un domestique dans le sens étymologique du mot, c'est-à-dire un serviteur attaché à la maison d'un daïmyo ou même d'un simple *samuraï*. Il est lui-même samuraï, c'est-à-dire noble. Il peut avoir d'autres keraï, également nobles, à son propre service. Le maître du rang le plus élevé a certains droits absolus, non seulement sur ses serviteurs immédiats, mais encore sur les serviteurs de ceux-ci. La domesticité, tel que nous l'entendons et que nous l'avons introduite dans ce pays, n'existait pas dans l'ancien Japon. Le keraï est serviteur et familier du maître : il le sert avec les marques du plus profond respect et les attitudes les plus humbles, ce qui ne l'empêche pas de se mêler de ses affaires souvent avec une grande liberté de langage.

Dans toutes les explications relatives au drame, que nous donnons en notes, nous nous plaçons au point de vue de l'époque historique qui fournit de sujets le théâtre japonais. Les mœurs sont déjà bien changées.

tège. Il est accompagné par Hanagaki. — Procession. — Arrivée devant le temple. — Le concours a lieu sur la piste. — Suite de combats. — En dernier lieu, Yakuro[1] et Hanagaki se mesurent. Yokuro n'est pas en veine ce jour-là; il va être battu. Pourtant Hanagaki, qui a la faveur du maître, n'est pas sympathique au public. On voudrait l'humilier. Asoheï[2] excite la voix son patron Hanagaki. Mais au moment décisif, les combattants sont séparés. Yakuro, malgré sa défaite assurée, se donne des airs de vainqueur. Il est traité de lâche et de vantard par Asoheï qui va se précipiter sur lui quand le daïmyo l'arrête en disant qu'il a vu et sait à qui attribuer la victoire. On entre pour se reposer chez le prêtre du temple.

Deuxième tableau : Devant le temple *Awabida mura jizo.* — Il fait nuit.

Issaï, maître de thé du daïmyo, revient

---

1. Un autre *keraï* du daïmyo Asama.
2. *Keraï* du *keraï* Hanagaki.

de la campagne où son maître a donné une fête. Il marche avec peine et précaution par un chemin de rizière. Au temple, il s'arrête pour se reposer. Subitement il se sent percé dans le côté. Il souffre. Sans distinguer qui lui a porté le coup, il aperçoit comme une ombre qui se dresse devant lui et lui enlève son argent. Il croit à un fantôme et veut le repousser en disant : « Qui es-tu ? » Une éclaircie laisse voir un *ronin* [1]. Issaï veut reprendre son argent. Le ronin le frappe à coups redoublés et disparaît. Le ciel

---

[1]. On appelait ainsi les samuraï qui, pour une cause quelconque, avaient cessé d'être au service effectif de leur daïmyo. Cela ne les affranchissait d'ailleurs pas de certains devoirs envers le maître auquel ils continuaient d'appartenir et d'être liés par des attaches légales que rien ne pouvait rompre. Le seigneur conservait en fait, sur ces serviteurs libres en apparence, des droits très absolus; le temps ne les prescrivait pas; l'éloignement pouvait bien les rendre fictifs, mais non les annuler. Le *ronin* quittait le domaine de son maître et allait même parfois prendre du service au loin chez un autre daïmoy; mais cela ne pouvait légalement atteindre la situation d'état civil, c'est-à-dire de servitude que lui avait faite sa naissance, envers son premier seigneur. — La *servitude*, dans cette organisation, n'est pas exclusive de la *noblesse*.

s'obscurcit de nouveau. — Arrivent les deux filles de Issaï qui, accompagnées par une servante, vont au-devant de leur père. Tout à coup, elles buttent contre quelque chose : c'est le corps du père. Elles lui prodiguent leurs soins en pleurant; il ouvre les yeux et reconnaît ses filles. Il leur raconte comment il a été frappé et les invite à le venger. — Il expire. — Ses filles vont chercher du secours au village.

Troisième tableau : Lit du fleuve Madori-Gawa[1] ayant sa source au temple de Mano Miyojin [2], dont il alimente la piscine d'ablutions.

Après le concours d'escrime, le daïmyô a distribué les récompenses. Au retour, on suit le cours du fleuve. Il y a là des hommes qui errent, cherchant quelqu'un à dévaliser. — Une fille d'Issaï [3], — on ne sait encore à ce moment qui est cette fille, — arrive à une pierre commémora-

1. *Gawa*, fleuve, rivière, cours d'eau, torrent.
2. C'est le temple du premier tableau.
3. Ce n'est pas une de celles qu'on a vues à la scène précédente, mais une troisième.

tive. Ces hommes l'entourent ; ils veulent en abuser. Mais le daïmyo les a vus et s'est douté de la chose. Il lance ses gens au secours de la malheureuse. Les drôles s'enfuient. — La jeune fille plaît au daïmyo. Elle raconte qu'elle cherche ses parents dont elle a été séparée depuis l'âge de cinq ans. Ses parents d'emprunt sont morts. Elle voyage pour se distraire et comme but elle suit la piste de ses parents qui, lui a-t-on dit, habitent en ces lieux. — « Le jour je marche, dit-elle ; la nuit je couche dans les bois. » — Yakuro comprend le désir du daïmyo et conduit la jeune fille au palais.

Acte II

Premier tableau. Au pied de l'Iwate-yama [1]. Habitations rares. — Soir d'une journée de neige.

Des gens de la bande du chasseur Nagoheï [2] arrivent armés de pioches et por-

---

1. *Yama*, montagne.
2. Chasseur de profession, voleur de métier.

tant une caisse d'aspect singulier, sans doute volée au temple du dieu de la montagne. Ils s'avancent avec entrain sur la neige. — Halte. — La conversation roule sur l'objet du vol que leur chef Nagoheï leur a ordonné. Puis l'un d'eux explique que Issaï, le maître de thé, a été tué par un des leurs et que Nagoheï veut, affublé du masque et des vêtements qu'on porte à la procession du dieu, se présenter dans la maison d'Issaï, effrayer les deux filles et en profiter pour voler l'argent et enlever ces filles qu'il vendra ensuite à des maisons de prostitution. — Ils continuent leur route. — Le jeune Yukieda, brave et fidèle kéraï du daïmyo, va au temple en pèlerinage pour le compte de son maître. Tout à coup d'un fourré sort un voleur qui l'arrête par derrière en lui demandant la bourse ou la vie. Le jeune homme le regarde de travers, lui dit qu'il va au temple et que, s'il ne le lâche pas, il va le coucher par terre. — Lutte à la suite de laquelle le voleur est lancé au fond du ravin. — Yukieda continue sa route.

Deuxième tableau : Temple du dieu de la montagne.

Arrivée du même samuraï. — Il butte contre quelque chose qui se trouve être le corps du voleur qu'il a rencontré tout à l'heure : « Ah ! tu as roulé jusqu'ici », dit-il simplement. — Les portes du temple sont ouvertes. — Hoshikage [1] (autrement dit le redoutable Kesataro) paraît. On voit en outre Nagoheï puis Wasuregaï (fille d'Issaï) et son serviteur Sappeï. — Ces deux derniers sont venus en pèlerinage pour obtenir la punition du meurtrier d'Issaï [2]. — Une lutte s'engage à la fin de laquelle le miroir, trésor du daïmyo, tombe entre les mains de Hoshikage qui pense par ce moyen pouvoir s'introduire de nouveau chez son seigneur.

Nous arrivons à la partie de la pièce

---

1. Ancien keraï du daïmyo, chassé par son maître, devenu *ronin* par conséquent, et se livrant au brigandage.
2. Ce meurtrier n'est autre qu'un homme de la bande de Nagoheï : 2ᵉ tableau de l'acte Iᵉʳ et 1ᵉʳ tableau de l'acte II.

qu'il m'est permis de raconter *de visu* et je ferai désormais surtout appel à mes souvenirs.

Acte III

Premier tableau : Le théâtre représente le jardin du palais sur la rivière Katakami-Gawa, en Oshu. — On est au milieu d'avril ; les arbres sont en fleurs.

Après quelques incidents sans grande importance arrive Nadeshiko, la femme légitime du daïmyo, dans un riche costume. Elle est triste, se sentant délaissée pour une concubine, cette aventurière qu'à la fin du premier acte le daïmyo et ses serviteurs ont arrachée aux mains des brigands. Mais elle sait supporter son chagrin avec dignité. Elle entre dans le palais et bientôt on voit venir sa mère, âgée de soixante-cinq ans ; elle a les cheveux blancs, le visage très énergique. Moins résignée que sa fille, elle a peine à contenir sa colère contre son gendre : elle ne peut admettre qu'une maîtresse l'emporte sur l'épouse, celle-ci étant sa propre enfant [1]. Ses servantes, quoi qu'elles fassent, ne peuvent parvenir à la distraire. Alors paraît le keraï Yakuro [2], officier au service du daïmyo. Il fait signe à la mère de Nadeshiko qu'il a quelque chose à lui dire. Celle-ci toujours méfiante congédie celles de ses femmes qui ne lui inspirent pas grande confiance. Yakuro s'approche et lui fait des condoléances sur le dédain du seigneur pour Nadeshiko depuis l'arrivée au palais de Hototogisu, la concubine. Avec mille circonlocutions il raconte qu'il a fait des propositions au médecin qui a promis un poison mortel d'un effet infaillible. Mais ces précautions sont bien superflues, car à mesure qu'il parle le visage de Yuri Nokata, la mère de l'épouse délaissée, s'éclaire d'une

---

1. On verra, à l'acte IV, qu'à ce moment le daïmyo venait de partir pour Kyoto, ce qui favorisait les projets de sa belle-mère.
2. Personnage ayant déjà figuré au 1ᵉʳ acte dans le 2ᵉ et le 3ᵉ tableaux. C'est le même qui a enlevé la pauvre vagabonde pour le compte du daïmyo dont elle est devenue la maîtresse. On verra par la suite le rôle peu estimable que joue cet homme à double face.

joie féroce [1]. — Jeu de physionomie remarquablement exécuté par l'acteur chargé du rôle. — Le médecin est là qui attend. On lui dit d'avancer. Sans lui laisser le temps d'achever ses salutations, Yuri Nokata lui demande à brûle-pourpoint s'il apporte la drogue. Il la lui fait passer cérémonieusement. On lui donne de l'argent pour sa peine. Mais Yakuro, à voix basse, fait observer qu'il est dangereux de le laisser partir ainsi. Yuri Nokata saisit la justesse de cette réflexion et elle annonce au médecin que, pour lui faire honneur, elle veut lui offrir un sabre [2]. Elle fait signe à Yakuro de lui donner un des siens ; elle tient à le remettre elle-

---

1. Le début de la scène suivante nous apprendra que Yuri Nokata avait déjà tenté de désaffectionner son gendre de Hototogisu en s'attaquant à la beauté de celle-ci. Un premier poison, non mortel, mais ayant eu pour effet de la défigurer et de la rendre malade, lui avait été administré. Il paraît que cela n'avait pas suffi pour rendre le cœur d'Asama à son épouse. On en vient alors au grand moyen.

2. Sous l'ancien régime, en dehors des nobles, les médecins seuls pouvaient porter le sabre ; mais ils n'avaient droit qu'à un seul sabre assez court, tandis que les *samurai* en portaient deux.

même au docteur. Celui-ci s'avance dans l'attitude la plus humble et paraît profondément touché de tant de faveur. Au moment où il va prendre l'arme Yuri Nokata l'en frappe et le tue d'un seul coup. — Ce médecin était un témoin incommode; il fallait s'en débarrasser. La vieille paraît enchantée de son succès; elle ne s'en tiendra du reste pas là. — Rires flatteurs de Yakuro et des servantes. — Ordres donnés pour administrer le poison à Hototogisu.

Deuxième tableau : Le pavillon habité par la favorite. — Les panneaux extérieurs [1] étant enlevés, on voit sa chambre

---

1. Les *to* et les *karakami*. Les premiers sont en bois et servent à clôturer complètement la maison; les seconds sont des châssis recouverts de papier qui tiennent lieu de fenêtres et de portes extérieures pour les chambres. Les uns et les autres s'ouvrent et se ferment en glissant dans des rainures. La rainure supérieure est assez profonde pour former un encastrement qui permet, en soulevant le *to* ou le *karakami*, de le dégager de la rainure inférieure et, en l'inclinant ensuite, de l'enlever tout à fait. Mais si l'on veut ouvrir en grand la maison, il suffit de retirer de la sorte les *karakami*; les *to* pouvant, sans sortir de leurs coulisses, être poussés les uns à la suite

qui est fort élégante. — Autour de la maison s'étend un jardin délicieux où circule une petite rivière surmontée d'un de ces ponts en zigzag qui n'existent qu'au Japon. La rivière et le pont occupent la moitié d'un des passages qui vont d'un bout à l'autre de la salle. Le décor se prolonge ainsi entre les spectateurs et tout à l'heure l'action se portera tout entière, au moment le plus dramatique, au milieu même du public.

Au *tirer* du rideau, Hototogisu, assistée de deux jeunes servantes, parait dans un ravissant costume rosé. Elle se lamente sur la maladie dont elle souffre et dont elle ne connaît pas la cause. Elle languit et sa figure est abîmée de boutons; une horrible plaie lui couvre un quart du visage. — Le vent souffle légèrement et les iris qui bordent la rivière en sont impressionnés. — La nuit ve-

---

des autres jusqu'à de petites armoires disposées aux angles de l'habitation pour les recevoir tous superposés. Les *karakami*, au contraire, à moins d'être enlevés, ne peuvent que se doubler et ne laissent à l'air qu'une demi-ouverture.

nant, Hototogisu congédie ses suivantes.
Elle est seule depuis un moment, lorsqu'un bruit étrange se fait entendre; elle
a peur; elle voit sortir du sol une flamme,
aussitôt suivie d'une apparition. Sa
frayeur est au comble; elle va fuir; mais
le revenant la retient en lui annonçant
qu'il veut lui parler. Graduellement, elle
se tranquillise, puis elle éprouve un nouvel effroi en reconnaissant le médecin du
palais. Celui-ci lui avoue que, par cupidité, il a commis un crime dont il a déjà
reçu le châtiment. Il parle du ressentiment de la belle-mère du daïmyo et de sa
résolution de tirer vengeance de la favorite. Il l'informe que la maladie dont elle
souffre lui vient d'une drogue qu'on lui a
fait absorber, mais qui ne la fera pas
mourir. Cependant Yuri Nokata veut à
tout prix se défaire de la rivale de sa
fille; elle a fait demander dans ce but un
poison infaillible. — « Je viens de le lui
remettre, dit-il, et pour salaire j'ai reçu un
coup de sabre. Gardez-vous de prendre
la médecine qu'on vous offrira, elle se-

rait fatale. Quant à la maladie qui vous ronge, vous en serez guérie en buvant le contenu d'un petit flacon que vous trouverez là. » — Il montre la niche du dieu domestique. — « Voilà ce que j'avais à vous dire. » — Il disparaît. — Hototogisu réfléchit à ce qu'elle vient d'entendre. Puis, elle se dirige vers la place indiquée et trouve en effet la fiole. Elle absorbe le liquide et par un enchantement instantané il ne reste plus un bouton sur son visage; elle est redevenue belle. Elle va chercher son miroir et éprouve une douce surprise en se regardant; elle se mire avec des gestes qui rappellent la scène des bijoux de *Faust*. — Tout heureuse, elle ferme le store de sa chambre pour se reposer.

On voit arriver deux furies armées chacune d'un glaive; ce sont deux servantes de la belle-mère du daïmyo. Elle s'avancent avec précaution sur le petit pont de la rivière. En se concertant, elles nous apprennent que leur maîtresse, après réflexion, a pensé que le fer serait plus sûr que le poison. Elles avancent à pas de loup vers le pavillon; se séparant, elles en occupent les deux extrémités, puis s'y précipitent en même temps. Le store se lève; on voit la malheureuse Hototogisu couverte de sang se débattant entre ces deux forcenées; elle est épuisée et tombe; on la croit morte.

Yuri Nokata entre en scène par le fond de la salle, avec une suite de trois ou quatre femmes. De loin, ses servantes lui font signe que leur besogne est terminée; elle est radieuse et va s'asseoir près de sa victime. Mais voici que celle-ci se relève de toute sa hauteur et la traîte de lâche. Elle lui raconte ce que l'ombre du médecin vient de lui révéler. — « Oui, répond l'autre sans s'émouvoir, c'est moi qui t'ai mise dans cet état. — Pourquoi? — N'est-ce pas toi qui as accaparé le cœur de mon gendre? Ma fille est résignée et dévore sa honte en silence. Mais moi, je n'en puis faire autant. » La jeune femme a un geste de révolte. Toutes se jettent sur elle et la criblent de coups de sabre et poignard. Elle retombe, mais elle respire encore. Le sang ruisselle sur ses vêtements. Yuri Nokata va prendre place sur un banc pour mieux jouir du spectacle de sa vengeance. Elle n'a nullement l'âme troublée, car elle se fait servir du thé et fume une petite pipe [1], ce qui est en quelque sorte l'accompagnement inévitable du repos chez les Japonais des deux sexes. — Elle fait signe à deux servantes de dresser la mourante et de la tenir debout : puis elle se lève, applique sa pipe encore brûlante sur le visage de sa victime, suprême insulte, et lui adresse les injures les plus cruelles. S'enflammant à sa propre parole, elle enfonce cette pipe

---

[1]. Le fourneau minuscule de la pipe japonaise ne contient guère que pour trois ou quatre bouffées de tabac; mais on fume souvent plusieurs pipes sans interruption. On l'allume chaque fois à un petit brasero *ad hoc* ou au résidu encore en feu de la pipe précédente. La seule différence entre la pipe de femme et la pipe d'homme est dans la longueur du tuyau; il est plus long pour l'usage féminin. Certaines personnes, ayant vu de ces pipes en Europe seulement, ont cru qu'elles servaient à fumer l'opium. C'est une grosse erreur. Au Japon, on ne fume que du tabac; l'opium y est, du reste, sévèrement prohibé par le gouvernement.

dans l'ouverture béante du col et laboure avec rage les chairs sanglantes. Hototogisu pousse un cri de douleur et son corps se tord en convulsions. — Cette scène est d'une belle horreur. — Alors Yuri Nokata se met à détailler ses invectives : elle reproche à son ennemie sa beauté, ses charmes, ses yeux qui ont volé le cœur qui appartenait de droit à sa fille, sa bouche qui enivrait l'époux de Nadeshiko de baisers, ses bras qui enlaçaient amoureusement son corps et perfidement sa raison. — Sur ces mots elle saisit le sabre d'une des suivantes et d'un seul coup, tranche le bras de la malheureuse femme. Celle-ci gémit douloureusement : le bras tombe à terre ; le sang jaillit. Elle s'affaisse épuisée.

On la tient pour morte et la bande sanguinaire va se reposer. Yuri Nokata est entourée de ses femmes, qui lui prodiguent leurs félicitations et leurs soins. Pendant qu'elles sont distraites, Hototogisu reprend ses sens ; elle trouve encore assez de forces pour ramper jusqu'au petit pont; elle va fuir. La vieille l'aperçoit; écartant ses servantes, elle se précipite elle-même, armée d'un glaive, à la poursuite de la favorite qui peut à peine se traîner, elle la rejoint sans peine; l'empoignant par ses cheveux défaits, elle la traîne à travers le pont; fatiguée, elle change de main à plusieurs reprises et, comme alors son sabre l'embarrasse, elle le tient entre les dents; elle est odieuse et sublime ainsi. N'en pouvant plus elle-même, elle fait signe qu'on vienne l'aider; tordant autour de sa main droite les cheveux de sa victime, qui râle, elle se fait tirer par la gauche jusqu'au milieu de la scène, la traînant ainsi évanouie ou morte. On donne enfin le coup de grâce à Hototogisu et Yuri Nokata va paisiblement se reposer de son exploit. Elle prend une nouvelle tasse de thé et fume encore quelques pipes; elle a bien mérité cela. Quand elle a repris haleine, elle ordonne qu'on jette le cadavre à la rivière; on y jette aussi le bras coupé.

Sur ces entrefaites, on voit entrer les

deux jeunes servantes de Hototogisu ; elles paraissent terrifiées et, se dissimulant comme elles peuvent, elles cherchent à s'échapper. Mais Yuri Nokata les aperçoit ; à leur allure, elle comprend qu'elles ont vu la scène du meurtre ; elles pourraient parler, il faut donc s'en défaire ; elle en donne l'ordre. Les innocentes sont mises à mort sans avoir la force de se défendre. Leurs cadavres vont rejoindre au fond de l'eau celui de leur maîtresse.

Par un mouvement bien humain et qui dénote chez l'acteur une très juste observation de la nature, la vieille, avant de se retirer, va plonger son regard dans l'onde, à la place où les corps ont été jetés. Elle est hideuse de férocité satisfaite. Or, voici qu'au moment où elle se penche sur la rivière, une flamme sort de l'eau : c'est l'âme de Hototogisu. Saisies d'effroi, Yuri Nokata et ses femmes veulent prendre la fuite ; mais au loin, quelqu'un arrive qui leur coupe la retraite. Elles n'ont que le temps de se cacher derrière une petite construction élevée sur un côté de la scène. Le nouveau venu est un samuraï au service du daïmyo, qui fait sa ronde de nuit. Il sent sous ses pas quelque chose d'humide et de glissant. Il va prendre une lanterne imprudemment abandonnée par une des servantes dans la précipitation du sauve-qui-peut. Il reconnaît des taches de sang et en suit la trace, qui le conduit au bord de la rivière ; à la lueur du fanal, il distingue les cadavres au fond de l'eau. Très intrigué il se dirige vers le pavillon de Hototogisu et s'étonne de le trouver ouvert et en désordre. Yuri Nokata, de sa cachette, a vu les allées et venues de ce guerrier ; c'est encore un témoin dangereux à supprimer ; elle envoie vers lui les deux servantes de confiance qui ont charge ordinaire de ses œuvres meurtrières. Celle-ci, armées de leurs glaives, approchent furtivement et se jettent à l'improviste sur le samuraï. Ce brave, bien qu'il ait affaire à deux furies, n'a pas de peine à les terrasser ; il les désarme et s'en débarrasse dédaigneusement, se contentant de les frapper à coups de plat de sabre. La vieille mégère est désolée de cet insuccès. Mais, si elle est sans pitié, elle ne manque pas de courage. Au demeurant, son but est atteint : elle a couronné sa vengeance. Peu lui importe le reste. Elle peut mourir maintenant. — Elle se suicide.

Acte IV

Premier tableau : Une élégante maison de prostitution à Kyoto.

Le daïmyo Asama, ayant été appelé en service à Kyoto, s'y distrait en visitant les lieux de plaisir. Il s'y est épris d'une femme auprès de laquelle il se rend chaque soir en cachette.

Il y avait, en ce temps-là, à Kyoto une bande de malfaiteurs dont Hoshikage, ancien keraï disgracié du daïmyo [1], était le chef. Ces drôles rôdaient par les rues, la nuit, cherchant noise à tout le monde.

---

1. Ce Hoshikage a déjà figuré à la fin du II° acte.

Asama les rencontre un soir non loin du pavillon de sa maîtresse. Hoshikage le bouscule en passant; le daïmyo le repousse. Le voleur crie : « Tu m'as insulté ». L'autre, qui veut éviter un éclat, fait des excuses; elles ne sont pas acceptées. Mais l'adversaire, voyant qu'il a affaire à un samuraï, se contente de lui demander son nom [1]. Le daïmyo à son tour refuse de le satisfaire. — Il était alors défendu aux nobles de passer la nuit dans les mauvais lieux. — Une querelle s'engage. Asama à coups d'éventail disperse la bande des voleurs armés de sabres. Ce jeu de scène, qui se répète souvent au théâtre, est une manifestation du prestige de la naissance, tel qu'on l'entendait dans l'ancien Japon. Un samuraï, à plus forte raison un daïmyo était un être à tel point supérieur au commun qu'à la scène on n'oserait le compromettre à tirer le sabre contre une

---

[1]. Sans doute dans l'intention de le compromettre.

troupe de vulgaires malfaiteurs. L'éventail lui suffit. Sa noblesse l'arme d'un pouvoir surhumain : il n'a guère qu'à souffler sur le menu peuple pour l'anéantir. Ce n'est d'ailleurs pas une simple fiction : sous l'ancien régime, l'ascendant des gens de race sur le populaire était si *magnifique* qu'il ne leur en fallait pas davantage la plupart du temps pour nettoyer la place d'une foule mutine ou mal intentionnée. — Alors le respect du rang était la base de tout ordre social et le bon plaisir des grands la raison d'être du monde. Cela a bien changé.

Après s'être ainsi débarrassé des coquins, Asama avec un geste de souverain mépris purifie l'air qui l'entoure en l'éventant. C'est alors qu'arrivent, attirés par le bruit, deux fidèles du daïmyo, Hanagaki [1] et Asoheï [2]. Depuis plusieurs

---

[1]. C'est le keraï du daïmyo qui a présidé le concours d'escrime sur lequel s'est ouvert le rideau au premier acte et qui s'y est mesuré avec Yakuro, cet autre keraï qui s'est entendu avec la belle-mère de son maître, pour le trahir, au troisième acte.

[2]. Keraï de Hanagaki et à ce titre appartenant

jours ils font de vains efforts pour détourner le maître de ses escapades nocturnes. N'ayant pu réussir, ils veillent sur lui à distance. Ils tentent encore une fois de l'entraîner loin de ces lieux et lui font de respectueuses remontrances : il néglige les devoirs que lui impose sa noblesse ; cela lui portera malheur. Mais il résiste à leurs sages conseils et se rend au pavillon de sa maîtresse.

Deuxième tableau : Le milieu de la scène est occupé par le pavillon de la maîtresse du daïmyo. Cet élégant petit hôtel est entouré d'un joli jardin. Les panneaux ouverts laissent voir le salon de réception.

Deux cortèges entrent par le fond de la salle et s'avancent vers la scène. D'un côté, c'est Oju, la courtisane, superbement habillée, précédée d'un porte-lanterne, accompagnée de ses servantes dans l'ordre des rites ; elle s'appuie sur l'épaule

également au daïmyo. Ce personnage figurait aussi au concours d'escrime du premier acte.

d'un homme, sorte d'esclave qui marche courbé pour servir de support à sa voluptueuse nonchalance; le tout est parfaitement conforme au cérémonial de la haute prostitution [1]. Sur le passage opposé, le daïmyo marche gravement, suivi de quatre ou cinq nobles serviteurs. Il est lui aussi revêtu d'un splendide *kimono* en soie d'un bleu idéal et très finement brodé. — C'est une des particularités du théâtre japonais que les costumes y sont d'une richesse inouïe et sans aucun recours au clinquant. — Arrivés vers le milieu de la salle, tous les acteurs s'ar-

---

[1]. C'est ce que les touristes appellent presque infailliblement dans leurs notes de voyage : « Le cortège de l'impératrice, » singulier *quiproquo*, mais qui démontre bien la majesté dont les rites entouraient, dans le vieux Japon, les choses de la vie galante.

La plupart des drames japonais contiennent une scène analogue à celle-ci. Aussi n'a-t-on pas manqué d'écrire que l'impératrice est un personnage quasi indispensable du théâtre au Japon et l'écrivain, cela va de soi, s'est mis en devoir d'en tirer des conséquences touchant les mœurs du pays. Une pareille bévue ne peut s'expliquer que par une ignorance totale et qui n'est guère pardonnable du caractère sacré de la souveraineté et de tout ce qui en tient chez les peuples orientaux.

rêtent, puis ceux-ci exécutant un quart à droite, ceux-là un quart à gauche, les deux processions se font face. Ce mouvement a quelque chose de militaire. — Alors s'échange, par-dessus les têtes des spectateurs, entre le daïmyo et sa maîtresse un colloque galant auquel les autres personnages prennent une part respectueuse mais peu discrète. On tombe d'accord et on se dirige suivant toujours la même ordonnance vers le pavillon. — Là on commence par souper; après quoi, Asama demande gracieusement à Oju de faire apporter son *koto*, sorte d'instrument à cordes qui se pose à terre et dont le jeu se rapproche de celui de la harpe, avec cette différence que les cordes s'allongent sur la boîte d'harmonie comme celles d'un violon; cette boîte est elle-même de forme rectangulaire et légèrement bombée.[1] — Oju prélude.

A ce moment l'ombre de Hototogisu apparaît dans le jardin non loin de la

[1]. Nous en avons fait mention au début de cette étude, dans la description de l'orchestre.

maison. Elle tient une flûte, et, de cet
instrument, accompagne Oju. Les autres
ne la voient pas encore, mais ils s'étonnent de ce qu'ils entendent. Oju s'inter-
rompt pour écouter. Alors Hototogisu
entonne un air bien connu du daïmyo.
Celui-ci fort intrigué va regarder à l'ex-
térieur. Il reconnaît la maîtresse qu'il a
laissée dans son domaine seigneurial. Au
comble de la surprise, il l'interroge :
« Comment es-tu ici ? — Je suis ici pour
te voir d'abord, répond-elle, et aussi pour
voir ma sœur aînée. — Qui est ta sœur ? »
— Elle raconte alors qu'à l'âge de cinq
ans, au passage d'un bac, pendant la nuit,
elle a été échangée par mégarde contre
une autre enfant et que, malgré leurs
différentes destinées, Oju est bien sa
sœur [1]. Cette Oju est une des filles d'Issaï
qui ont été enlevées par les voleurs et
vendues [2]. — « En cherchant mes parents, poursuit l'apparition, il m'est ar-

---

1. Voir le 3ᵉ tableau de l'acte I.
2. Voir le 1ᵉʳ tableau de l'acte II : la conversation des brigands.

rivé ce que tu sais. Je suis devenue ta maîtresse. Ta belle-mère m'a fort maltraitée et, pendant ton abscence, je priais pour ton retour au palais. Enfin lasse de t'attendre et ne tenant plus en place, je suis venue ici pour avoir le bonheur de te voir [1]. » — On trouvera sans doute que cette femme est de bonne composition et on s'étonnera qu'elle n'adresse pas à son amant le moindre reproche sur le lieu où elle le rencontre. D'après nos idées cette situation n'aurait pu se produire sans vacarme. Nous voyons au contraire des gens qui s'expliquent en toute simplicité : c'est que nous sommes dans le Japon d'autrefois où le caprice du maître était tenu pour raison suffisante. Hototogisu, regardant Oju, avoue seulement qu'elle envie son sort ; c'est là toute sa scène de jalousie. — Puis les deux femme se montrent mutuellement un souvenir qu'elles tiennent l'une et l'autre de leur père : c'est

---

[1]. Elle ne dit pas toute la vérité, ne voulant encore laisser entendre que c'est son ombre et non elle-même que le daïmyo a devant les yeux.

une sorte de porte-bonheur dont l'identité établit leur lien de parenté. — Le daïmyo est vivement ému; les deux sœurs sont attendries; mais il n'y a aucune effusion; la *dignité du lieu* ne laisse pas place aux épanchements [1]. — Tout à coup Hototogisu disparaît dans le mur à la stupéfaction générale. Mais on trouve à la place qu'elle occupait tout à l'heure un *papier funéraire* [2]. — Le daïmyo et Oju se demandent ce que cela signifie. — Hototogisu serait-elle morte ? — Justement voici le *karo* (premier ministre) du

---

[1]. Le baiser n'existe, d'ailleurs, pas dans les mœurs du Japon. Cette manière de nous témoigner de la tendresse étonne beaucoup les indigènes. Chez eux on n'embrasse même pas les enfants.

[2]. C'était autrefois dans tout le Japon et c'est encore aujourd'hui dans les campagnes une croyance très répandue que les morts reviennent et que leurs ombres laissent en s'évanouissant des « papiers funéraires », témoignages de l'apparition où sont écrits les conseils ou les avertissements qu'ils donnent aux vivants. — Que cette variété de spiritisme fournisse aux esprits forts un puissant moyen d'abuser des âmes crédules, cela n'est pas douteux. — La religion populaire des Japonais est un culte de petits papiers : il suffit pour s'en convaincre de visiter la première chapelle venue.

daïmyo qui vient à point pour éclaircir ce mystère : Il arrive d'Oshu et raconte le meurtre d'Hototogisu et le suicide de la belle-mère. — On pleure.

Le cinquième et le sixième acte pourraient fort bien être détachés pour former un drame à part. On se rappelle ce que nous avons dit plus haut sur le manque d'unité du théâtre japonais. Nous en avons là un exemple très carastéristique. Les points de contact entre les quatre premiers actes et les deux derniers sont imperceptibles : Ils ne consistent guère que dans la mise en scène de deux personnages déjà connus. Hoshikage et Oju, qui vont figurer à titre secondaire dans cette dernière partie. Quant aux autres, ils ont achevé leurs rôles et de la plupart d'entre eux il ne sera même plus question. D'autres figures importantes vont occuper la scène. Cependant le daïmyo Asama, bien que ne paraissant pas lui-même, continuera d'être le lien des situations dramatiques auxquelles nous allons assister. — Quoi qu'il en soit, nous passons à un ordre d'idées si différent de celui qui nous a conduits jusqu'ici qu'on est tenté de se demander si c'est bien la suite du même drame. — On en va juger.

Acte V

Premier tableau : Sept années se sont écoulées dans l'intervalle des deux actes.

Le théâtre représente l'entrée du quartier des maisons de prostitution à Kyoto [1].

Gorozo [2] et une servante dont il a fait sa femme, chassés du palais du daïmyo, sont venus échouer à Kyoto où ils se sont affiliés à une bande de malfaiteurs. Ils se disputent tout le jour et ne s'entendent que pour faire le mal. L'homme est tombé malade; il fait des dettes. La femme est réduite à se faire courtisane

1. Au Japon, comme dans beaucoup d'autres pays, il y a pour toutes les grandes villes un quartier spécialement affecté à cet usage. Dsns les centres principaux, comme Tokyo et Kyoto, ce quartier forme une véritable ville à part ayant son enceinte et ses portes et dont le cachet est singulièrement pittoresque. — C'est à coup sûr une des curiosités du pays.
2. Ancien keraï.

sous le nom de Satsuki. Hoshikage [1] veut en faire sa maîtresse.

Ce tableau n'est pour ainsi dire qu'une introduction aux scènes qui vont suivre.

Deuxième tableau : Tcha-ya [2] de Kabutoya à Kyoto. L'ensemble du tableau représente une rue de la ville.

Satsuki et Hoshikage sont en tête à tête. Après une assez longue discussion la femme consent à se donner, l'homme paye le prix du marché et séance tenante Satsuki fait passer cet argent à Gorozo qui arrive à point. D'après les usages consacrés, cela veut dire qu'elle rompt avec lui. Mais il témoigne du dépit et repousse le sac. Il y a là une scène assez comique égayée surtout par le serviteur de Gorozo, personnage burlesque. En droit [3] les circonstances sont telles que

---

[1]. Autre kéraï disgracié devenu chef de voleurs : Acte IV; 1ᵉʳ tableau.

[2]. Maison de thé. — La *tcha-ya* au Japon tient lieu de cabaret.

[3]. Il s'agit bien entendu de l'ancien droit. — N'oublions pas que Gorozo est tombé dans la misère et se trouve dans l'impossibilité de pour-

le malheureux n'a rien à objecter contre la détermination de sa femme. Néanmoins c'est en jurant de se venger qu'il quitte la place. — Hoshikage part pour le pavillon où doit avoir lieu le rendez-vous. Satsuki ne peut encore le suivre. Elle a différentes choses à régler avant de sortir de la *tcha-ya*. Son amie Oju [1], la maîtresse du daïmyo qui se trouve là, lui propose de la remplacer pour un moment et de faire prendre patience à son nouvel amant jusqu'à son arrivée. C'est accepté. Oju s'habille avec les vêtements de Satsuki et sort munie de sa lanterne; étant elle-même la maîtresse du daïmyo, il ne faut pas qu'elle soit reconnue.

Troisième tableau : Une autre rue de Kyoto. — Au premier plan un de ces échafaudages de seaux qui sont disposés

voir à l'entretien de sa femme. Celle-ci n'aurait pu le quitter purement et simplement; mais en lui donnant le prix de son infidélité elle s'acquitte légalement envers lui. — Il est alors censé l'avoir vendue lui-même. C'est une sorte de fiction comme il y en a en *droit romain*.

1. Acte IV : 2º tableau.

de place en place, dans les villes japonaises, en prévision des incendies. — A l'angle d'une maison une lanterne allumée.

Gorozo entre en scène armé d'un sabre nu. Il sait que sa femme doit passer par là pour aller au rendez-vous. La rue est déserte : cela lui convient. — Il monte sur une borne pour éteindre la lanterne publique. — Obscurité complète. — Il se met en embuscade derrière les seaux. Oju arrive. Gorozo la prend pour sa femme, se précipite sur elle et la tue. Puis posément il lui coupe la tête qu'il enveloppe dans un morceau d'étoffe [1] enlevé d'un coup de sabre au vêtement de la victime. Il dissimule le cadavre derrière la cachette où il était lui-même tout à l'heure et s'attache dans le dos le paquet contenant la tête, de manière à conserver la liberté de ses mains.

Il était temps d'en finir. Hoshikage las

---

[1] Ce morceau est une de ces grandes manches de *kimono* qui sont particulièrement longues pour les femmes. Cette partie du costume formant poche ou même sac se trouve très propre à l'usage qu'en fait là Gorozo,

d'attendre vient lui-même à la recherche de sa maîtresse et rencontre le mari. Il s'élève entre eux une altercation où Gorozo dit des mots à double sens dont l'autre ne saisit pas la portée. C'est, bien entendu, de l'objet du rendez-vous qu'il s'agit. Hoshikage ne se doute de rien et Gorozo se retire sans encombre.

Il y a dans toute cette scène d'assassinat et de tête coupée une minutie de détails dont le réalisme ne saurait être raconté. Rien n'y est laissé à l'imagination du spectateur. On ne peut se défendre d'en admirer la sanglante illusion.

Acte VI.

Tableau unique : Intérieur de la maison de Gorozo. Il est près de midi.

Gorozo fatigué de son exploit de la dernière nuit n'a pas encore paru. Ses serviteurs et ses clients qui l'attendent s'en étonnent. — Il y avait dans l'ancien Japon une puissante organisation de clientèle qui rappelle dans une certaine mesure la constitution sociale des Romains. Les liens qui en résultaient étaient sans doute moins savamment combinés en droit, mais en fait ils étaient peut-être plus solides [1].

Enfin Gorozo paraît. Il vient de se lever; il est à peine réveillé et il le manifeste par certaines contractions musculaires qui, étant naturelles, sont de tous les pays. — Il entend ses gens s'entretenir du meurtre d'Oju dont on ne connaît pas l'auteur. Déjà le récit de l'événement a été imprimé et se vend dans les rues. — Etonnement de Gorozo qui se demande s'il rêve ou s'il est au milieu d'une bande de fous. — Il y a eu meurtre; il le sait bien, puisqu'il est le meurtrier. Mais la victime n'est pas Oju; c'est sa femme Satzuki qu'il a tuée. Pourtant il garde ses réflexions pour lui, ne voulant pas se dévoi-

---

[1]. N'est-il pas curieux, par exemple, de voir ce *ronin* Gorozo, devenu misérable, et toujours entouré d'une foule de gens dépendant de lui et vivant plus ou moins à ses crochets. Il n'y a cependant rien là de contraire au vieil ordre social du Japon.

ler. Il fait causer ses serviteurs pour voir jusqu'où ira leur méprise. L'un d'eux lui passe le libelle racontant l'aventure : il l'a acheté, dit-il, parce qu'il s'intéresse à Oju; cela lui a coûté cinq *rin* avec une chanson qui a déjà été composée sur le sujet. Notez le soin du serviteur de dire le prix qu'il a payé ces petits papiers. Cette mesquinerie fait ressortir par le contraste la situation morale de l'ancien kéraï.

Gorozo lit et graduellement sa surprise augmente. Pourtant le doute ne lui vient pas encore; il est si sûr! Il croit à une erreur de la police et du public : la tête ayant été enlevée, on n'aura, pense-t il, pu constater l'identité de la victime. De là le le quiproquo. Il craint toutefois que cette fausse nouvelle colportée par la ville ne nuise à Oju et qu'il ne s'attire ainsi la colère de l'amant de cette femme qui est son seigneur et dont il dépend encore bien que chassé par lui. Il se demande s'il ne devrait pas rétablir les faits. Il a besoin de réfléchir et congédie ses gens.

Tandis qu'il réfléchit, sa vieille mère

aveugle arrive à tâtons. Il se passe entre eux une scène touchante destinée à préparer un nouveau contraste ressortant d'un ordre d'idées différent. Tout à l'heure c'était une petitesse qu'on mettait en regard de la grande agitation morale. A présent on lui oppose la pure et sainte tendresse du sentiment maternel et l'amertume rétrospective d'une vie douloureuse. La pauvre femme raconte sa triste existence; ses chagrins lui ont fait perdre la vue; elle a tant pleuré dans sa vie! Mais maintenant qu'elle est auprès de son fils, elle se sent heureuse : « Je souhaite, dit-elle, en terminant, que ce bonheur dure et qu'il ne t'arrive aucun malheur. » Elle sort en marmottant des prières. Mais ses dernières paroles ont produit sur Gorozo un effet singulier. Le doute s'empare de lui [1]. Il jette un coup d'œil à toutes les

---

[1]. Chez les peuples superstitieux, on n'aime pas les souhaits de bonheur; il semble toujours qu'ils cachent un malheur. Témoin cette habitude dans certains pays de faire les cornes ou le signe de croix quand on reçoit des félicitations sur la chance passée ou des vœux pour l'avenir.

issues pour constater qu'il est bien seul et qu'il n'y a pas de regards indiscrets. Il va fiévreusement ouvrir une petite armoire où il a caché le paquet contenant la tête. Il défait les linges, regarde et tombe renversé en reconnaissant les traits d'Oju. Il s'y reprend à trois fois ne pouvant en croire ses yeux et chaque fois sa stupéfaction et sa terreur s'exprime en *crescendo*. — Jeu de scène superbement rendu par l'acteur, le même du reste qui, au troisième acte, avait si bien rempli le rôle de la belle-mère du daïmyo.

Gorozo se désole et cherche encore à s'expliquer son erreur. C'était pourtant la lanterne de sa femme, c'étaient ses vêtements que portait celle qu'il a tuée. Le morceau d'étoffe qui enveloppait la tête est là pour en témoigner. — Enfin il décide qu'il n'a plus qu'à mourir en brave *samuraï*. Il doit le sacrifice de sa vie aux mânes d'Oju, la maîtresse de son seigneur. D'après les anciennes mœurs, il n'avait pas à hésiter. Libre à lui de tuer sa femme; personne n'aurait eu à redire.

Mais par erreur c'est la concubine du maître qui est tombée sous sa main; il serait flétri à jamais, s'il ne s'ouvrait le ventre. — Il va chercher sa boîte à pinceaux et se met à écrire son testament.

Satzuki, qui est au courant des événements, s'approche de la maison en se désolant. Elle s'accuse; elle se sent coupable, elle aussi, de la mort d'Oju. — « Il faut, dit-elle, que je meure. » Elle entre et veut parler à Gorozo de ce qui s'est passé. Il ne l'écoute pas, la repousse et lui dit enfin : « Je n'ai que faire de la vie. » Là-dessus il la jette brutalement dehors; elle va rouler au milieu de la rue. — La vieille aveugle, qui a entendu les derniers mots de l'altercation conjugale, rentre en scène et demande à son fils ce qu'il se passe. — « Rien », répond celui-ci. Elle insiste. En manière de réponse Gorozo, dont l'impatience augmente graduellement, oubliant tout sentiment filial, envoie sa pauvre mère dans la rue sans y mettre plus de formes que tout à l'heure pour sa femme. Elle tombe à terre non loin de celle-ci. — Gorozo ferme la porte et se barricade à l'intérieur de la maison; il ne veut plus être dérangé. — Ayant achevé d'écrire son testament, il apporte une petite table d'offrandes au milieu de la pièce; il y place la tête d'Oju face au public; il va prendre au petit sanctuaire domestique quelques flambeaux et des vases de fleurs artificielles qu'il disperse de chaque côté de la tête coupée. Il allume les cierges. Tous ces préparatifs s'exécutent sans la moindre agitation apparente. C'est au moment de mourir qu'un *samuraï* doit surtout être calme.

Cela fait, il tire son sabre du fourreau, vérifie le bon état de la lame et de la pointe et va s'asseoir en face de l'autel funèbre dressé à la tête de sa victime. — La position assise, les jambes croisées, était réglementaire pour le *harakiri* ou suicide par ouverture du ventre. Gorozo commence cette opération suivant les rites : il y a des rites pour tout. Contrairement à une idée préconçue généralement adoptée en France, on ne s'ouvrait pas le ventre d'un seul coup. Le suicide de folie ou de chagrin était alors peu répandu au Japon, peut-être parce que l'autre y tenait assez de place. Le suicide y était non un acte de désespoir, mais une affaire d'honneur. Or l'honneur exigeait que la mort volontaire fût lente, parce qu'il y a plus de courage à souffrir et à voir venir la mort qu'à mourir. Ce sentiment était si profond et les *samuraï* avaient un tel respect de leur propre honneur que, même s'ils s'ouvraient le ventre à huis clos, ils le faisaient aussi posément que devant un public. Parfois un brave se découpait la peau et se labourait l'abdomen pendant plus d'une heure sans expirer. Il tombait épuisé, mais respirant encore; souvent alors un ami bienveillant lui donnait le coup de grâce. L'honneur n'en souffrait pas.

Pendant que Gorozo martyrise sa chair, sa femme, sans quitter la place où elle est venue tomber dans la rue, se plonge un poignard dans le sein droit. D'après les rites, c'est ainsi que les femmes devaient se suicider. Chacun de son côté proclame qu'il s'immole aux mânes d'Oju. La vieille mère aveugle, qui gît à terre auprès de Satzuki, ne comprend pas ce qui se passe. Elle demande des explications. Sa belle-fille, surmontant sa souffrance, lui raconte comment elle est coupable du crime de lèse-majesté envers le daïmyo, ayant par inadvertance causé la mort de sa maîtresse. Elle ne l'a pas tuée elle-même, mais c'est cachée sous ses vêtements et en portant sa lanterne qu'Oju a été frappée. Elle lui doit donc sa vie et elle lui paye ce qu'elle lui doit. — La vieille femme, en palpant Satzuki, vient de sentir le fer fixé dans sa poitrine. Elle veut l'arracher. — Lutte entre la blessée et l'aveugle : le désespoir de l'une aux prises avec la résolution de l'autre.

Mais Gorozo commence à râler. Sa mère l'entend; elle comprend que, lui aussi, il est en train de se tuer. Elle l'appelle; il ne répond pas. Il n'est pourtant pas évanoui, car on le voit toujours occupé à sa sinistre besogne. L'aveugle, poussant des cris lamentables, cherche l'entrée de la maison. Elle fait fausse route, revient sur ses pas; enfin elle sent la porte sous ses doigts; elle appelle encore; même silence de son fils. Par un effort désespéré elle enfonce le panneau et tombe à l'intérieur de la chambre. Elle a dû se fracasser quelque membre, mais elle n'y pense pas : elle est mère et son fils va mourir! — Celui-ci lui explique alors pourquoi il faut qu'il meure. Ses raisons sont si concluantes que l'aveugle se calme : mère d'un samuraï, elle connaît les règles de l'honneur. Aussi bien elle sait qu'aucun raisonnement ne pourrait changer la résolution de son enfant. Pendant ce temps, Satzuki s'est traînée jusque dans l'appartement.

Deux serviteurs de Gorozo accourent en toute hâte. Ils apportent une bonne nouvelle et la disent malgré l'émotion que leur cause l'état de leur maître : Hoshikage, à qui Gorozo a eu affaire la veille et qui est la cause première de tous les malheurs qui arrivent, a été arrêté ; il va être jugé. Cette nouvelle est bien accueillie des deux mourants : « C'est un présent de départ [1]. »

La mère, ayant compris qu'il y a au fond de tout cela une querelle entre les époux, tente de les réconcilier *in extremis*. Son rôle est profondément touchant. Ses enfants ne se rendent pas du premier coup à ses instances ; mais ils s'entretiennent une dernière fois : ils se rappellent le temps où ils s'aimaient et où ils faisaient ensemble de la musique. Un air surtout, l'air des jours heureux, leur revient à la mémoire. Ils décident de quitter la vie en le jouant. On bande la blessure de la femme ; on relève les lambeaux sanglants du mari, on bouche le trou tant

---

[1]. Au Japon, quand un voyageur a séjourné, ne fût-ce que quelques heures, aussi bien dans une auberge que chez un particulier, l'usage veut qu'il reçoive de ses hôtes un « présent de départ ». Quelle heureuse idée que l'image de ces deux moribonds acceptant une bonne nouvelle comme un *présent de départ* pour l'autre monde.

bien que mal et on y applique un linge serré autour du corps. On apporte à celui-ci sa flûte, à celle-là son *koto*. Ils jouent, lui soutenu par un serviteur, elle, par sa belle-mère. Entre eux est le petit autel funèbre avec la tête coupée; cette tête semble écouter. — L'exécution de la scène est parfaite : les acteurs y obtiennent avec un art merveilleux l'association de l'horrible et du touchant. — Par moments le souffle manque à Gorozo et sa flûte moribonde reste comme en suspens au milieu d'une note. Mais par un effort de volonté, il reprend la mesure. Enfin le vague de la mort s'empare de l'un et de l'autre à la fois. La flûte tombe; le *koto* ne vibre plus. La pauvre aveugle cherche à tâtons les mains des deux époux; elle les saisit et les met l'une dans l'autre. — Ils échangent un mutuel regard de pardon et meurent unis.

Il est huit heures. Le drame est fini; il a commencé à dix heures du matin. Pourtant le public n'est pas rassasié; il faut qu'on lui serve encore « *la danse des sept dieux* », sorte de ballet pantomime assez grotesque qui est le complément à peu près obligé de tout grand spectacle. Les divinités de l'Extrême-Orient y exécutent, chacune suivant ses moyens et ses aptitudes, quelques pas allégoriques et reçoivent encore l'approbation enthousiaste de spectateurs qui les admirent peut-être pour la centième fois. Mais ces spectateurs, ne l'oublions pas, sont un peuple d'enfants et n'avons-nous pas tous, dans nos jeunes années, réclamé sans merci cent fois la même histoire ?

Le Puy. — Imprimerie Marchessou fils.

www.ingramcontent.com/pod-product-compliance
Lightning Source LLC
LaVergne TN
LVHW020941090426
835512LV00009B/1665